América, es por ti

Ben Nussbaum

"América..."

Algunas canciones pueden hacernos sentir felices.
Otras pueden hacernos sentir tristes.
Y hay canciones que nos hacen sentir orgullosos de nuestro país.

El gran día de Bert

Bert está de pie en el escenario y se siente nervioso. Ve que sus padres le sonríen desde sus asientos.

El maestro Jackson levanta las manos para comenzar. Bert respira hondo.

Bert canta con el resto de la clase: "América, es por ti". A medida que canta, se siente menos nervioso.

¡Ahora Bert se siente orgulloso de cantar! ¡Está orgulloso de cantarle a su país!

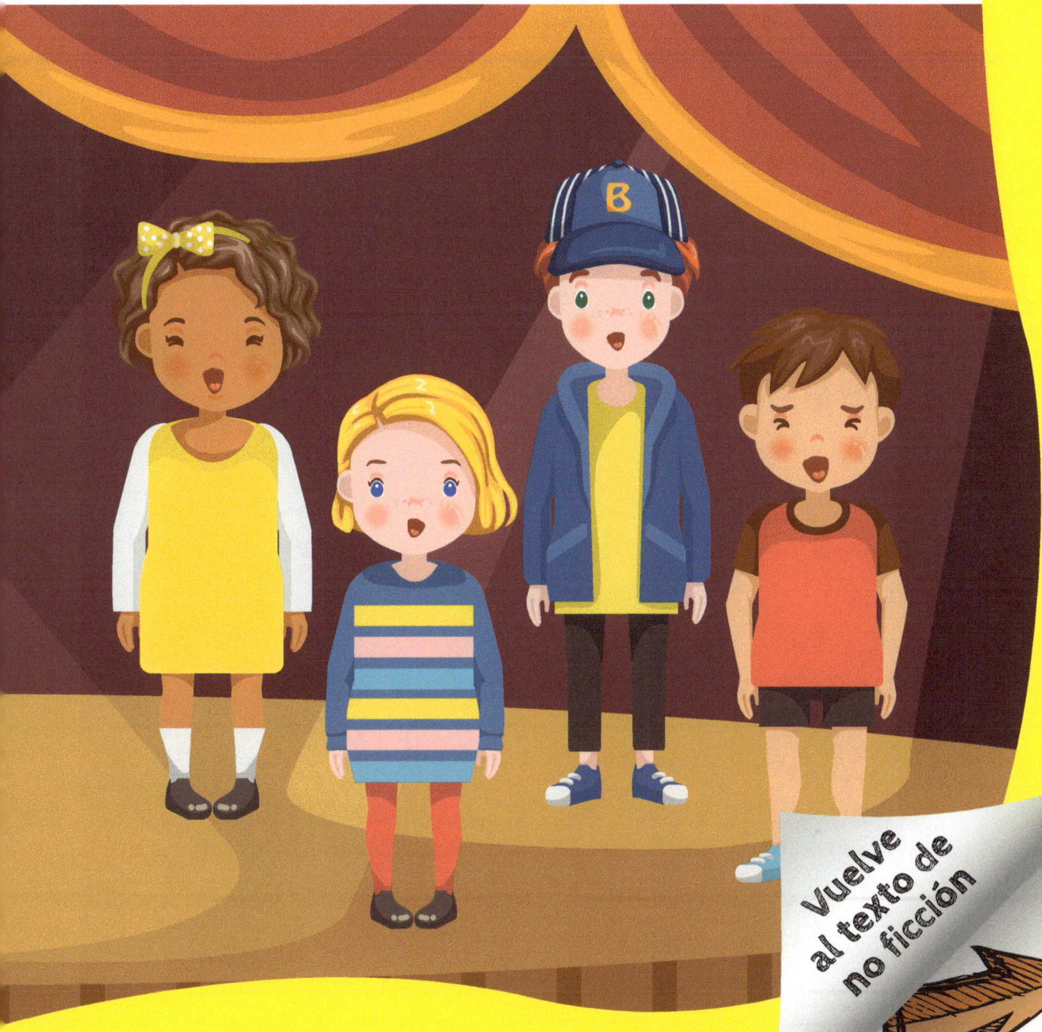

Vuelve al texto de no ficción

"es por ti…"

Este verso significa "es sobre ti, mi país". Le estamos cantando a Estados Unidos. Pero le ponemos el apodo "América".

¿Quién la escribió?

Samuel Francis Smith escribió la letra de "América, es por ti".
La escribió cuando era estudiante.

"tan libre soy aquí.
Te canto así".

La persona que canta dice que es libre en Estados Unidos.
Afirma que tiene *libertad* en este país.
¡Es bueno ser libre!
Estos versos significan "Le canto a mi país, donde soy libre".

Muchos países, otras palabras

La música de "América, es por ti" se usa en muchos países.
Solo cambia la letra de la canción.
La canción es especial para cada país que la usa.

"Mi padre aquí vivió. Los peregrinos son..."

Los peregrinos fueron unas personas que vinieron a América hace mucho tiempo.
Buscaban un nuevo hogar.
No eran libres en su antiguo hogar.
Estaban orgullosos de su nueva tierra.
No pensaron en que esa tierra ya les pertenecía a otras personas.

El día de los peregrinos

Un día, los peregrinos compartieron una comida con una tribu indígena.
Aún hoy recordamos esa comida. La llamamos Día de Acción de Gracias.

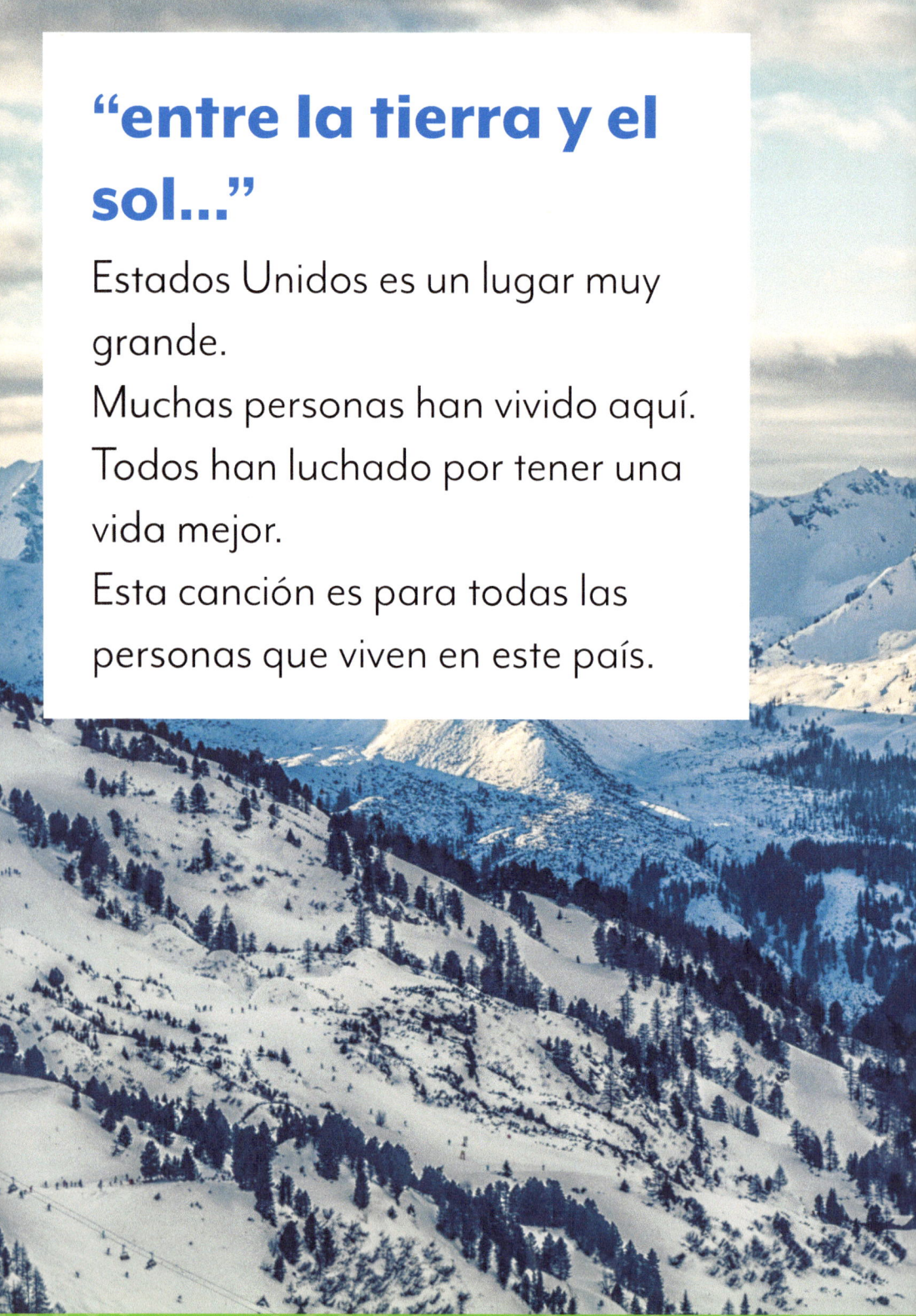

"entre la tierra y el sol…"

Estados Unidos es un lugar muy grande.

Muchas personas han vivido aquí.

Todos han luchado por tener una vida mejor.

Esta canción es para todas las personas que viven en este país.

"libres al fin".

Los estadounidenses son libres.
Pueden estar de acuerdo con sus líderes.
¡Y también pueden no estar de acuerdo!
Eso es parte de ser libres.

El himno nacional

"América, es por ti" es una canción especial.
Pero no es el himno nacional.
El himno nacional de Estados Unidos es "La bandera de estrellas centelleantes".

"América, es por ti" dice que, entre la tierra y el sol, somos libres.
Puedes sentirte orgulloso de ser libre.
No susurres que tienes libertad.
¡Grítalo fuerte!
¡Que todos escuchen!

Estados Unidos

Estados Unidos es un país donde las personas son libres.

Es un país donde las personas pueden tomar sus propias decisiones.

Las personas pueden crear una empresa.
Pueden elegir qué días festivos celebrar.
Pueden mudarse a un nuevo hogar.
Son libres de vivir su vida como más
les guste.

Las personas pueden estar orgullosas de Estados Unidos.

Cuando estamos orgullosos de nuestro país, queremos ayudar a que sea lo mejor posible.

¡Y eso nos hace sentir bien!

Entonces, cántalo fuerte.

¡Que todos escuchen!

Civismo en acción

Los estadounidenses tienen símbolos que les recuerdan a su país. Los hacen sentir orgullosos. Les hacen pensar en la libertad. La bandera es un símbolo de Estados Unidos.

1. Puedes hacer una ceremonia de izamiento de la bandera. Iza la bandera en un mástil. Decide qué otra cosa harás.

2. Invita a otras personas a asistir a la ceremonia.

3. Realiza la ceremonia.